Max og Mia

- Da Max gik itu -

Tekst og illustrationer af Anders Rauff-Nielsen

Widowgrove

"Max og Mia – Da Max gik itu"

© 2016 Anders Rauff-Nielsen

ISBN: 978-87-998847-1-1

Published by Widowgrove

www.widowgrove.com

Til min datter Gaia

Her er Max
Hej Max

Max gik en tur

Max gik i et hul
Åh nej!

Øv!
Max gik itu

Her er Mia

Hej Mia

Mia gik en tur
Hov! En lyd

Mia så et hul

Mia så Max
Åh nej!

Lad mig få dig op

Mia tog Max
med til sit hus

Lad mig sy dig

Mia tog en nål

Sæt en tå
på en fod

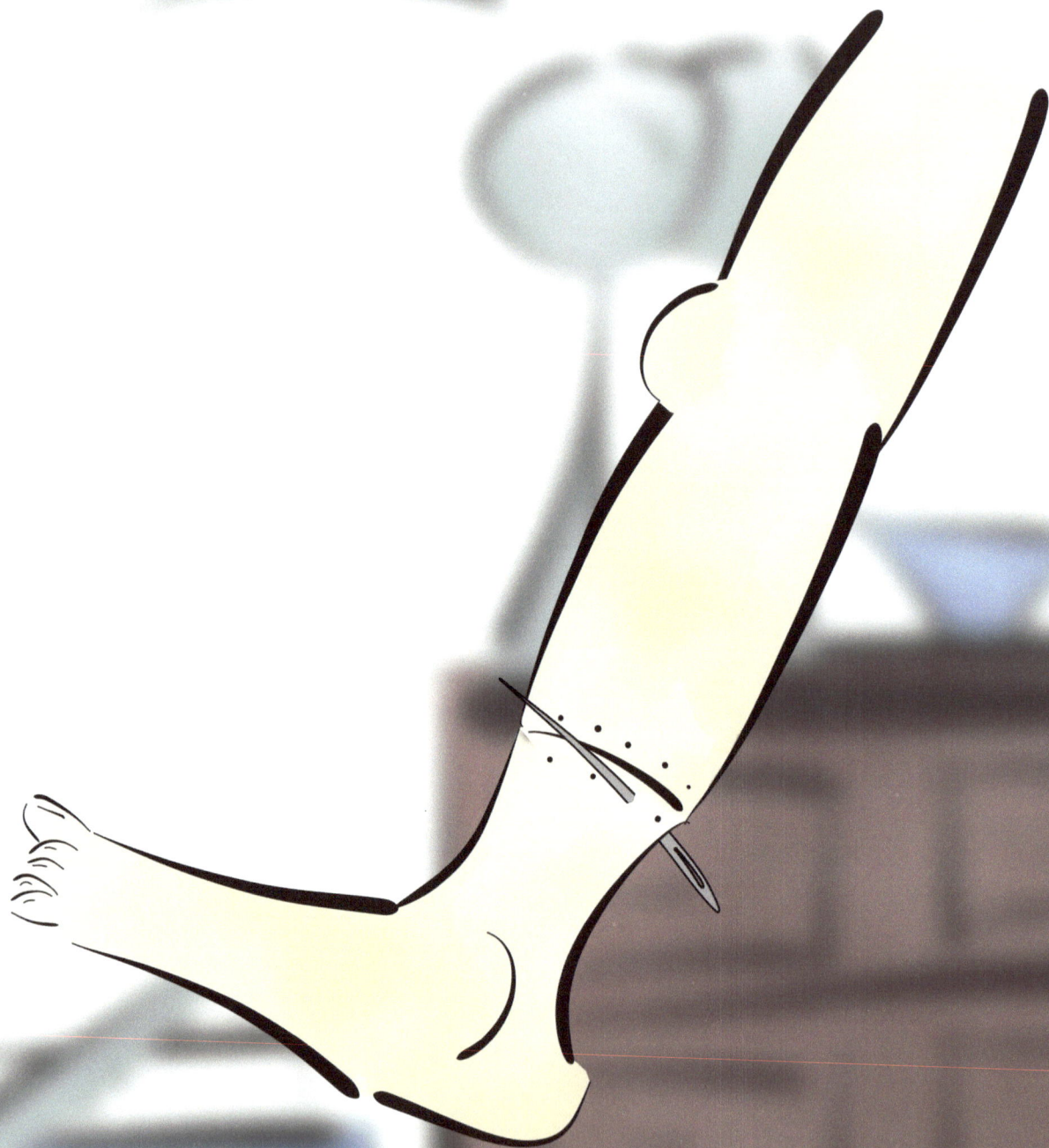

Så en fod
på et ben

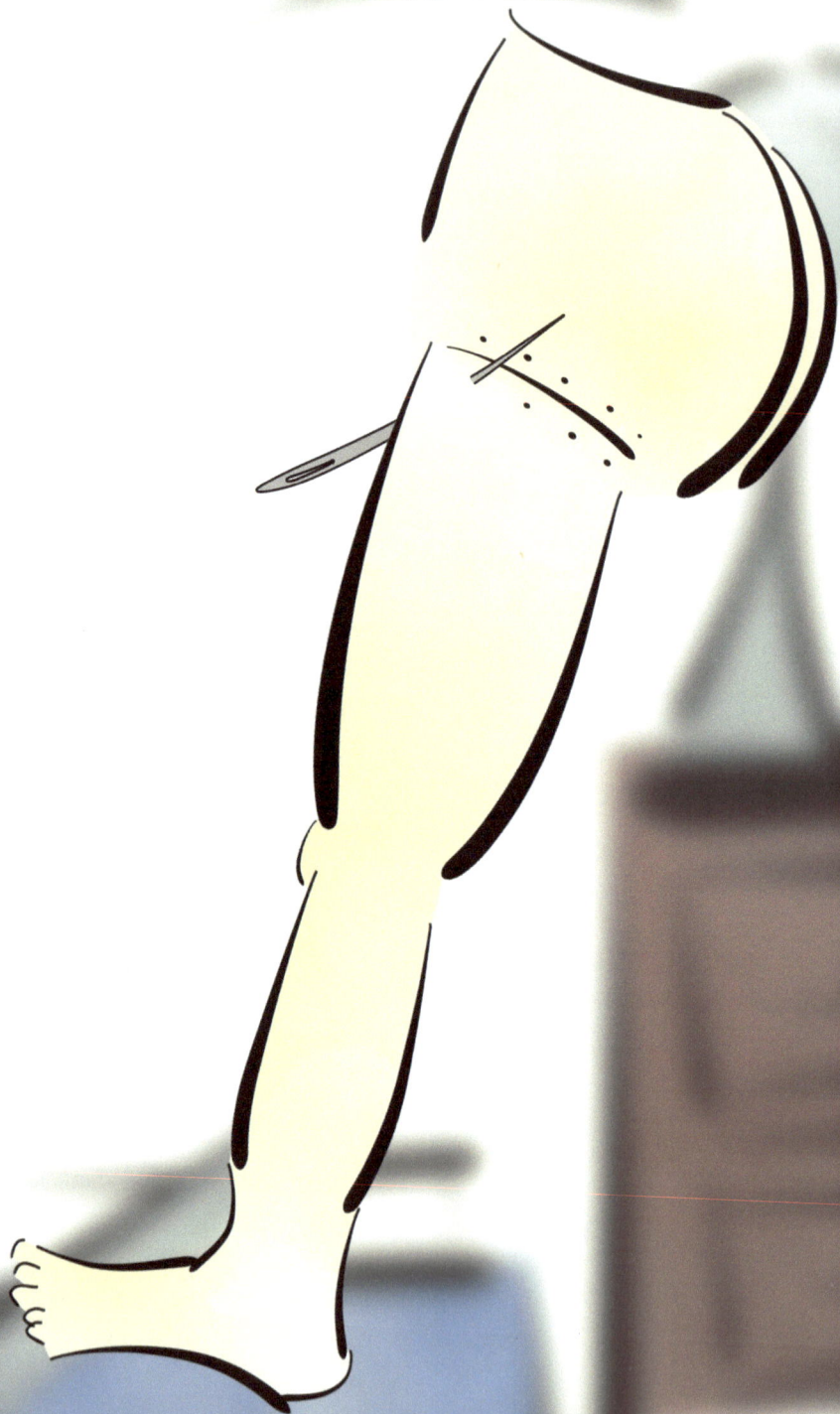

Så ben på røv

Så på med vom og ryg

Så en arm
og så en til

Hov!
Der er kun
hat og hår

Pyt!
Jeg har en nød
På med den

På med et øje
Så et øje til
og så et gab

Så et lyn
og der er liv

Hov, Max
Var det en fis?
Pu ha!

Ja, ups
og en bæ
Æv!

Til mor og far

Som selvudgiver er brugeranmeldelser og mund-til-mund markedsføring essentielt, så hvis I har haft glæde af bogen vil jeg bede jer anmelde den på www.amazon.com og fortælle jeres venner om den på Facebook, Twitter og andre sociale medier.

"Max og Mia – Da Max gik itu" fås som både e-bog og paperback på Amazon og findes på både dansk og engelsk.

Ligeledes kan min urban fantasy-roman "Shades – The Demise of Blake Beck" købes som både e-bog og paperback på Amazon (men den er mest til de voksne).

Udover bøger laver Widowgrove også spil – både fysiske bræt- og digitale spil. Find ud af mere om disse projekter på www.widowgrove.com

- Anders Rauff-Nielsen

Facebook: www.facebook.com/widowgrove
Twitter: @AndersRauff

www.ingramcontent.com/pod-product-compliance
Lightning Source LLC
Chambersburg PA
CBHW041545040426
42447CB00002B/52